Bernhard Marckhgott, Matthias Strolz (Hrsg.)

Denken. Aufrütteln. Gestalten.

Erinnerungen an Erhard Busek

story.one – Life is a story

story.one

1. Auflage 2022
Herausgeber: Bernhard Marckhgott, Matthias Strolz (Hrsg.)

Herstellung, Gestaltung und Konzeption:
Verlag story.one publishing – www.story.one
Eine Marke der Storylution GmbH

Gesetzt aus Minion Pro und Lato.
Coverfoto: © Manca Juvan
Fotos:
Erhard Busek und Andreas Treichl, Wahlkampf 1978, © privat/Andreas Treichl
Erhard Busek als Ministrant (rechts im Bild), © privat
Erhard Busek mit Eltern, © Gabriele Buchinger
Erhard Busek und Jörg Mauthe, © Illustration von Wolfgang Schüssel
Was ein ÖVP Parteiobmann braucht, © Illustration von Wolfgang Schüssel
Erhard Busek und Matthias Strolz, Präsentation „Die mündige Schule“ 2015, © NEOS Lab/„Talente blühen“
Immer Europa im Blick, © Illustration von Wolfgang Schüssel
Erhard Busek in Alpbach, © European Forum Alpbach
Erhard Busek Eröffnung Alpbach 2006, © European Forum Alpbach

Printed in the European Union.

ISBN: 978-3-903715-27-1

Erhard Buseks Inspiration weht weiter. Sie lebt in den vielen Erinnerungen und Geschichten, die sein reich erfülltes Leben und Wirken hinterlassen haben. Wir haben 21 Weggefährtinnen und Weggefährten versammelt, die von Begegnungen und Erlebnissen mit ihm berichten.

Lieber Erhard, du hast mit deinen Talenten, deinem Engagement und deiner sachlichen Leidenschaft viele Menschen berührt und ein Feuer in ihnen mitentfacht. Dein Wirken ist Auftrag. Wir tragen das Feuer weiter. RiP

Bernhard Marckhgott & Matthias Strolz

INHALT

Am liebsten alles gleichzeitig

Gabriele Buchinger

Es war eine interessante, abwechslungsreiche und schöne Zeit, die ich mit Erhard Busek verbringen durfte.

Er arbeitete sehr strukturiert und zeiteffizient. Alles sofort und gleichzeitig – zum Leidwesen mancher Gesprächspartner – erledigen zu müssen, war sein Credo. Erhard Busek hatte stets das innere Bedürfnis, am Ende des Tages mit allem fertig sein zu müssen. Auch bekam jeder, der ihn um Hilfe bat, seinen Rat. Und wenn er helfen konnte, war er glücklich.

Erhard Busek war ein begnadeter Redner und liebte es, Vorträge zu halten und an Diskussionen teilzunehmen, denn das gab ihm die Möglichkeit, mit Menschen ins Gespräch zu kommen. Er reiste zwar sehr gerne, aber noch wichtiger war es ihm, wieder zurück in seine geliebte Heimatstadt Wien zu kommen. Daher war unser Büro im Institut für Donauraum und Mitteleuropa (IDM) auch seine Homebase, von wo aus er seine anderen – sich über die Zeit ständig wechselnden – mindestens drei Funktionen gleichzeitig ausübte. Denn eine allein wäre ihm zu langweilig gewesen.

Während all dieser Aktivitäten kam der Sport zu kurz, bis auf den jährlichen Skiurlaub. Bei einem solchen brach er sich leider 2007 den Oberschenkelhals. Erleichtert, dass er nicht schwerer verletzt war, überkam mich trotzdem Panik, denn ein Workaholic im Spital ist ein Albtraum! Da er bis dahin noch nie mit einem Computer gearbeitet hatte, schickten wir ihm mit einem Studenten – der ihn auch gleich einschulen sollte – einen Laptop nach Innsbruck ins Krankenhaus.

Leider hatte ich die Ungeduld des Patienten vergessen, der schon nach fünf Minuten dem Überbringer erklärte, dass er alles verstanden habe und dieser wieder gehen könne. Natürlich brauchte er noch weitere Unterstützung, aber er eignete sich das notwendige Wissen an und konnte wieder aktiv arbeiten. Ab diesem Zeitpunkt war es für ihn noch einfacher, mehrere Dinge gleichzeitig erledigen zu können. Und die weitere Entwicklung des Mobiltelefons war die Erfüllung seiner Träume. So traf man ihn ab dann immer mit dem Handy in der Hand an, denn schon aus Neugierde musste er alle Nachrichten unverzüglich lesen.

Es tut weh, ihn so plötzlich verloren zu haben, aber es freut mich, dass er, wie von ihm gewünscht, bis zum Schluss aktiv arbeiten und sogar noch Vorträge halten und Interviews geben konnte. Es war mir eine Freude und Ehre, mehr als 30 Jahre mit ihm arbeiten zu dürfen. Und aus dem Wissen, dass er ein gläubiger Christ war, bin ich der tiefen Überzeugung, dass es ihm nun gut geht und er an mindestens drei Orten gleichzeitig sein Wissen erweitert oder verbreitet.

„Mach's nicht, des kannst net"

Andreas Treichl

1972, ich war knapp 20, als ich begonnen hatte, ihn zu begreifen. Er war 31 und so wundersam anders als viele seiner Parteifreunde. Mit 23 bin ich nach New York, um die Welt der Finanzen zu erlernen. Mit 26 brauchte ich eine Pause und machte ein Jahr Wahlkampf für ihn. Es war 1978 und ich begann, ihn zu bewundern. Ein ÖVP-Stadtpolitiker in Wien, der mir den tschechoslowakischen Widerstand so näherbrachte, dass ich ganz tief eintauchen wollte. Ein Politiker, der einen Traum hatte für Mittel- und Osteuropa und über die Zukunft des Westbalkan so reden konnte, dass man selbst zu träumen begann.

Zwölf Jahre später wurde er Parteiobmann und Vizekanzler und ich sein Finanzreferent. Die Chase Manhattan erlaubte mir diese Funktion und schenkte mir damit fünf Jahre an seiner Seite.

Er war ein Vollblutpolitiker und gleichzeitig kein Politiker. Er liebte die Gestaltungsmacht. Aber es war ihm fad, irgendetwas zu tun, nur um Wahlen zu gewinnen. Er war brillant, scharf, unangenehm, total desinteressiert an allem, was er als unintelligent empfand, und das war recht viel. Als sich einmal ein neues Regierungsmitglied im Parteivorstand präsentierte, wandte er sich zu mir und sagte leise: „Jetzt sind wir endgültig beim einstelligen IQ angelangt." Wenige Wochen später kam eine hochrangige Delegation zu ihm, um seine Zustimmung zur Übernahme der Creditanstalt zu erwirken. Er verwendete den Termin für die Lektüre des Profils und der Furche von der ersten bis zur letzten Seite, um dann am Ende zu sagen: „So wird das nichts, meine Herren."

Man musste sich seinen Respekt erarbeiten und man hatte nicht viel Zeit dafür. Wenn sich zum Respekt auch Zuneigung gesellte, dann bekam man die Gelegenheit, sein großes Herz, seine Begeisterung und seine Hilfsbereitschaft zu erleben. Er war kein Manager, aber er hatte den wichtigsten Instinkt, den Führungskräfte benötigen – sich mit wirklich guten, starken und interessanten Menschen zu umgeben. Er tat es dort, wo er die Möglichkeit dazu hatte und war unerbittlich grantig, wenn er sie nicht hatte. Er lehrte mich, dass man sich mit Menschen umgeben muss, die einem widersprechen, und zwar so, dass man wirklich darüber nachdenkt.

„Die Tschechen und die Ungarn sind uns viel ähnlicher als die Deutschen, denk daran, wenn du deine Erste aufbaust." Er lehrte mich, Österreich als einen Teil von Mittel- und Osteuropa zu sehen und den Westbalkan als einen Teil unserer Identität zu akzeptieren. „Du musst diese Region erlernen, du musst sie riechen und spüren und ihren Menschen näherkommen … Wir müssen einander politisch näherkommen und wirtschaftlich zusammenwachsen. Die Zukunft Europas wird sich in unserer Region entscheiden."

Er war es, der mir die Idee für die Erste Group gegeben hat und er war mächtig stolz auf das, was da über die Jahrzehnte abgegangen ist. Es hat ihm spürbar Freude gemacht. Und ich habe mir immer seinen Rat geholt, bevor ich einen großen Schritt setzte oder eben nicht: „Russland? Mach's nicht, des kannst net."

Heimat suchen, Heimat finden

Boris Marte

Erhard war immer auch an den grundlegenden menschlichen Zusammenhängen interessiert. Er wusste, dass die Politik die tiefen Gefühle der Menschen erreichen kann und wie einfach es ist, damit Stimmung und Hass zu erzeugen. Auch die Spuren der Naziherrschaft und deren Kontinuitäten im Österreich der Nachkriegszeit saßen ihm in den Knochen als permanente Mahner und Aufwühler.

Gleichzeitig war ihm auch die moderne Welt suspekt, das in der Luft hängende, beliebige Individuum, die Auswüchse eines de-emanzipierenden, de-integrierenden Sozialstaats und die Anything-goes-Mentalität, die die menschlichen Ressourcen – auch die der natürlichen Lebensgrundlagen – ignoriert. Da sah Erhard die Chance, eine moderne Interpretation seines Konservatismus zu finden.

„Wir müssen den Begriff HEIMAT neu denken. Wir müssen ihn den rechten Schergen entziehen. Wir müssen ihn öffnen und modernisieren. Jeder/jede hat ein Recht auf Heimat. Es ist eines der lebendigsten Gefühle in uns Menschen. Und wir müssen seine politische Dimension genau verstehen." So in etwa könnte er es gesagt haben in einer Zeit, als Österreich sich auf den EU-Beitritt vorbereitete, in unserer damals noch jugoslawischen Nachbarschaft der Krieg tobte und sich in Europa rechter Populismus zu verfestigen begann. Wieder einmal war Erhard Busek einer der Ersten. Er sammelte Freunde und Intellektuelle, rüttelte uns wach, motivierte uns, unsere politischen Konzepte zu hinterfragen, weil sie ihm zu wenig tief und relevant erschienen. Also machten wir uns daran, dieser neuen „Kraft der Mitte" einen emotionalen Inhalt zu geben, die kulturellen Dimensionen der politischen Arbeit ernst zu nehmen und in den internationalen Diskurs einzuordnen.

„Man ist nicht nur Kind seiner Heimat, die Heimat wird einem auch zum Kind. Und so wie man dieses nicht nur hat und sich daran erfreut, trägt man auch die Verantwortung dafür. Wo Bindung ist, ist Verantwortung", schrieb damals die leider viel zu früh verstorbene Filmemacherin Karin Brandauer. Vor allem der letzte Satz hatte es uns angetan und gab uns gleichsam die poetische Grundlage für ein politisches Grundlagen-Programm, aus dem heraus so viel gedacht und konzipiert werden konnte. Es entstand die programmatische Schrift „Heimat – Politik mit Sitz im Leben“ (Braintrust Verlag für Weiterbildung, 1994).

„Die Werte einer universalen Ethik können nicht wachsen, wenn sie nicht in der Demokratie des Lokalen und Regionalen entstehen.“ Oder: „Die Beschreibung Österreichs als unsere Heimat kann nur erfolgreich sein, wenn sie die multikulturellen Wurzeln unserer Herkunft berücksichtigt.“ Sätze, die auch fast 30 Jahre nach Erscheinen des Büchleins kaum etwas an Aktualität eingebüßt haben. Heimatsuche und Heimatfindung als eine Aufgabe, die „auf die Mitarbeit, Mitbestimmung und Mitgestaltung der Menschen in allen Lebensbereichen hinzielt“. Wo Bindung ist, ist eben auch Verantwortung.

AUTO
SPENGLER

Erhard und die Wiener Volksseele

Maria Walcher, Karl Nigl

Eines ist sicher. Das Wienerlied und die Wienermusik wurden Erhard Busek nicht in die Wiege gelegt. Obwohl seine erste Heimat, das Grätzl Lichtental im 9. Bezirk, dafür alle Voraussetzungen gehabt hätte. Vielbesungen sind hier nicht nur die trinkfesten Einheimischen. „Ja mir san halt Liachtentaler, trinken gern a Glaserl Wein …" Vor allem der Alsbach mit den seinerzeit dort ansässigen, berüchtigt schlagfertigen Wäscherinnen inspirierte immer wieder die Textdichter. Doch den Sohn aus gutbürgerlichem Haus konnte dieses musikalische Phänomen samt der dazugehörigen sozialen Szene im Dunstkreis des Palais Liechtenstein zunächst nicht erreichen.

Erste Begegnungen fanden vermutlich in den 1970er Jahren im Gefolge von Jörg Mauthe statt. Dieser hatte durch Erika Krasa, bekannt als „die Vielgeliebte" in seinem gleichnamigen Roman, Zugang zu den Kreisen zwischen Wiener Unter- und Halbwelt sowie biederen Resten einer vormaligen Arbeiterkultur bekommen. Mehr pflichtschuldig als fasziniert übernahm der engagierte Politiker Erhard den Besuch von Wienerlied-Veranstaltungen in Vorstadt-Beisln und Kaffeehäusern. Eine emotionale Nähe zu der eingeschworenen Gesellschaft wollte sich aber nicht einstellen. Weder schien ihn der Zauber dieser einzigartigen Musik noch der herbe Charme der Protagonisten zu beeindrucken.

Das Interesse an diesem von Mauthe so hochgeschätzten Genre wuchs sprunghaft, als das Wiener Volksliedwerk 1990 einen Wienerlied-Stammtisch in der Gastwirtschaft von Anni und Otto Demuth im Ottakringer Liebhartstal einrichtete. Bei der dragqueen-ähnlich gekleideten, singenden Wirtin traf sich monatlich eine immer größer werdende Runde bunter Vögel. Aus allen Bereichen der Kunst, der Musik, der Medien drängten sich Neugierige, Begeisterte und Inspirierte in den engen Räumlichkeiten. Mittendrin immer wieder Erhard. Hier fanden Begegnung und Unterhaltung in seinem Sinne statt. Rauchend und trinkend – selige Zeiten vor sozialen Internet-Plattformen – lauschte jetzt auch er mit Freude den Darbietungen. Plötzlich erstarrten alle am Tisch. In roten Schnürstiefeletten und schwarzem, enganliegendem Kleid baute sich die Wirtin formatfüllend vor Erhard auf, hob mit strengem Blick eine Augenbraue und deutete mit ihrem Zigarettenspitz auf den Fußboden. Das Corpus Delicti, einen ausgedämpften Tschik, entfernte Minister Busek umgehend und höchstpersönlich. Er war zu Hause angekommen.

Es wäre nicht Erhard gewesen, hätte er es beim persönlichen Erlebnis belassen. In der Beschäftigung mit traditioneller städtischer und regionaler Musik bekam die bisher vorrangig intellektuell geführte Auseinandersetzung zum Thema Heimat für ihn plötzlich Gesichter, Geschichten, Beziehungen. Dieses politische und private Vermächtnis Erhards im Feld des immateriellen Kulturerbes wartet seit Jahren auf Nachfolge.

Klassisches Ständchen von Busek-Fan Kurt Girk, dem „Frank Sinatra von Ottakring“:

„Wann die Welt amoi stirbt
Und die Menschheit vergeht und verdirbt,
dann leb fort, mei liabs Wean
als ein leuchtender, strahlender Stern!“

Abende in der Wohllebengasse

Rudolf Bretschneider

Selten waren es mehr als zwanzig Gäste, die sich auf Einladung Erhards in der Wohllebengasse einfanden. Er pflegte diese Zusammenkünfte jahrzehntelang, als Stadtpolitiker, als Wissenschaftsminister und später als „freischaffender politischer Mensch". Anlass dieser Gesprächsrunden war eine Persönlichkeit, die nach einem Vortrag, einer Konferenz oder aufgrund einer speziellen Einladung für einen vertieften Gedankenaustausch zur Verfügung stand und den Mittelpunkt der kleinen Gästeschar bildete. Neben den interessierten Freunden waren Menschen geladen, bei denen man Affinität zum Thema vermuten konnte. Diskussionskultur wurde vorausgesetzt. Es ging um Begegnung und nicht um „Auseinandersetzung" im buchstäblichen Sinn.

Nach der obligaten Eintragung in ein Gästebuch (wie viele sind es wohl geworden?) gab es einen kurzen Stehempfang mit Helga und Erhard. Dann gruppierten sich die Anwesenden zwanglos um das Sofa, auf dem die Dame oder der Herr des Abends neben Erhard Platz nahm. Es folgte eine kurze Vorstellung und ein mehr oder weniger langes Statement – und dann ein allgemeines Gespräch. Koreferate habe ich dort so gut wie nie gehört, Streitgespräche selten. Es schien der Genius Loci oder der besondere Kreis, der sich vornehmlich aus Wissenschaft, Politik, Kultur, Medien und Verwaltung rekrutierte, wohltuend zu wirken.

Erhard Busek war zu diesen Anlässen nicht der „scharfzüngige" Politiker, als der er von manchen Medienvertretern gern gehandelt wurde. Er war vielmehr ein aufmerksamer Gastgeber und Gesprächsbegleiter. Die Werke und Leistungen der Gäste waren ihm vertraut. Und selbst auf Spezialgebieten, die weitab von gesellschaftlichen Themen lagen, bewegte er sich umsichtig und sicher.

Unter vielen anderen waren Sir John Eccles, Karl Rahner und Jeanne Hersch zu Gast. Leszek Kolakowski sprach dort über den baldigen Zerfall der Sowjetunion (1986?), Alexander Sinowjew über den „Homo Sowjeticus" und Peter L. Berger über die Wiederkehr des Religiösen. Erhard hat diese Abende mit Philosophen, Theologen, Schriftstellern, Wissenschaftlern und Vertretern „Mitteleuropas“ immer genossen – und diesen Genuss geteilt.

Es waren anregende Abende, in einem Rahmen, der höchst ungewöhnlich war. Aber Erhard war eben auch ein außergewöhnlicher Homo Politicus.

Die Freunde – meist waren sie als erste Gäste gekommen – gingen wie üblich als Letzte. Manchmal spielte einer von ihnen noch einige Takte auf dem Bösendorfer. Auch die Musik hat in Erhards Leben ihren besonderen Platz. Aber das gehört in eine andere Geschichte.

pro wien
MAUTHE
BUSEK
STADTFEST
GÄRTEN STATT AUTOBAHNEN
NEIN ZUM
Kultur
GRÄTZL
ATOMSTAAT
GRÜN HEISST BUSEK
35%
STADT-REPARATUR
WIN WIN
WIEN

Ein bisserl aufwachen tät uns gut

Max Kothbauer

Nicht, dass es Liebe auf den ersten Blick gewesen wäre.

Natürlich empfand ich es als junger Sozialdemokrat als Bedrohung, als Erhard Busek in den 70er Jahren mit einer grün-bürgerlichen bunten Welt flatternder Unruhe versuchte, die Wiener Volkspartei auf seine Themen der christlichen Solidarität und der aufgeklärten Weltoffenheit zu ziehen.

Dass er mit seinen Ideen einen nicht unwesentlichen Beitrag zur Modernisierung der Wiener Sozialdemokratie leistete, war mir zunächst nicht klar und hat wahrscheinlich auch ihn selbst überrascht.

Es gehört zu seinem Leben, dass er vieles erreicht hat, zugleich nicht immer in einer für ihn günstigen Weise und auch oft nicht so, dass ihm für sein Werk gedankt wurde.

Nein, viel später habe ich allmählich begriffen, was dieser streitbare, wortgewaltige Geist alles (voraus-)gedacht und vieles davon auch in seiner Arbeit umgesetzt hat. So wie Kardinal König seinen schrecklichen Unfall im alten Jugoslawien als Auftrag für sein künftiges Wirken für die östlichen Brüder und die christliche Ökumene empfand, ist es wohl Erhard Busek ergangen, als er 1968 bei einer Reise zu einem Weltjugendtreffen tschechische Jugendliche traf, die ihm damals den Satz mitgegeben haben: Vergesst uns nicht!

Er hat nie vergessen, er ist all seinen Überzeugungen treu geblieben. Nur einer Versuchung konnte er nicht widerstehen: Ob passend oder nicht, ob Freund oder Feind, ein scharfes Bonmot anzufügen und sich – denke ich – zu freuen, wenn es so richtig Wirkung zeigte.

Unzählig sind meine Begegnungen und Bezüge zu ihm. Dennoch will ich statt persönlicher Erinnerungen aus einem Brief, den mein Großvater als Präsident des Stadtschulrats 1959 an den Klassensprecher der Maturaklasse des BRG XIX, Erhard Busek, für eine von ihm redigierte, untypisch ernste Maturazeitung geschrieben hat, zitieren:

„Ihr habt ein humanistisches Gymnasium besucht und ich hoffe, dass Ihr durch diesen Bildungsweg die Kraft gewonnen habt, Euch besser als andere in einer inhumanen Welt als humane Geschöpfe zu behaupten, dass Ihr tolerant und vorurteilslos geworden seid, um in den Angehörigen aller Völker, Rassen und Religionen Euren nächsten zu sehen, dass Euer Empfinden für Freiheit und Recht genügend stark ist, um sich der Unterdrückung und Ausbeutung und jeder Art von Totalitarismus zu widersetzen …"

Dies Worte des alten humanistischen Sozialdemokraten hätten genauso auch vom alten katholisch liberalen Erhard Busek stammen können. In diesem Geist hat er jedenfalls sein reiches Leben gelebt und wurde zum glaubhaften Zeugen seiner Überzeugungen.

Wäre gut, wenn wir uns öfter daran erinnern, was uns im Kern verbindet.

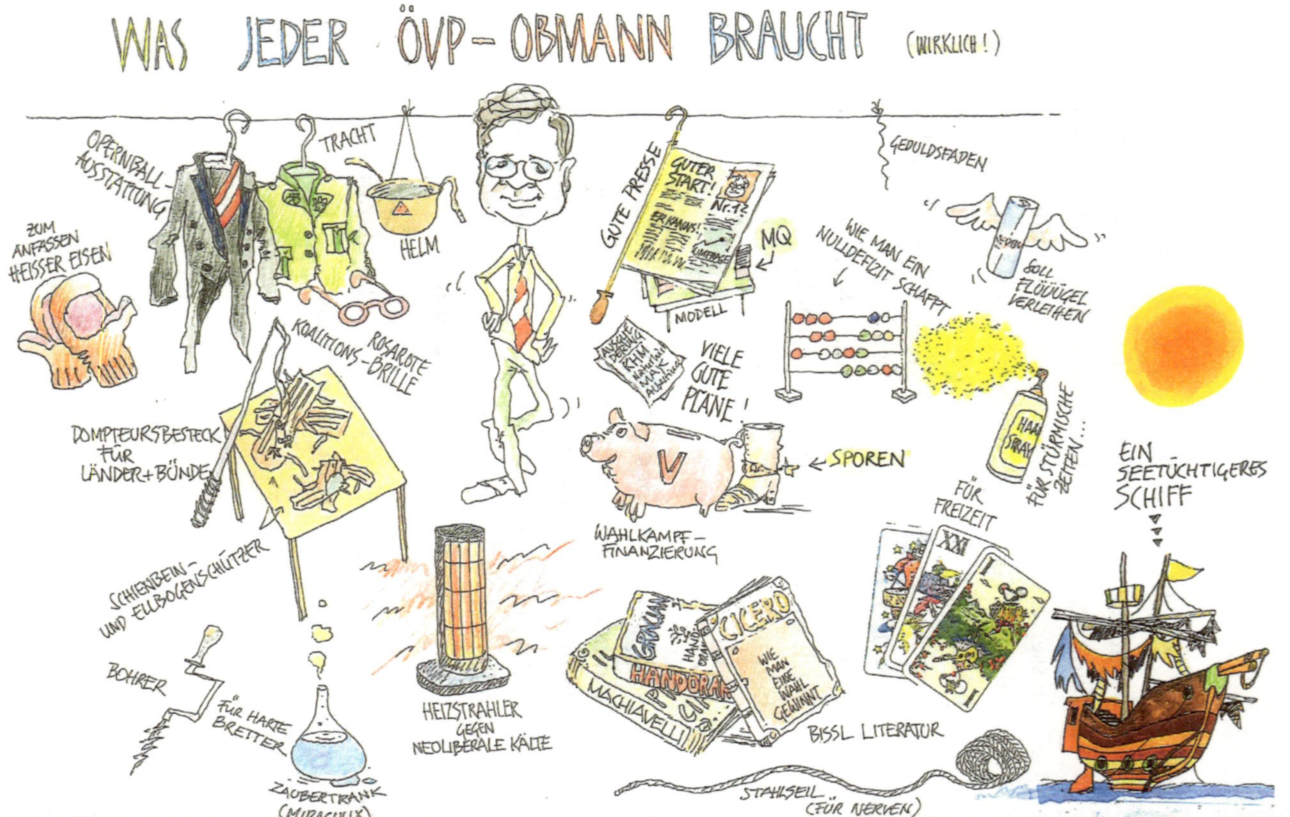
WAS JEDER ÖVP-OBMANN BRAUCHT (WIRKLICH!)
OPERNBALL-AUSSTATTUNG
TRACHT
HELM
ZUM ANFASSEN HEISSER EISEN
ROSAROTE KOALITIONS-BRILLE
DOMPTEURSBESTECK FÜR LÄNDER + BÜNDE
SCHIENBEIN- UND ELLBOGENSCHÜTZER
BOHRER
FÜR HARTE BRETTER
ZAUBERTRANK (MIRACULIX)
HEIZSTRAHLER GEGEN NEOLIBERALE KÄLTE
GUTE PRESSE
GUTER START!
Nr. 1?
ER KANN'S!
UMFRAGE
MQ
MODELL
VIELE GUTE PLÄNE!
WAHLKAMPF-FINANZIERUNG
SPOREN
GEDULDSFADEN
SOLL FLÜÜÜGEL VERLEIHEN
WIE MAN EIN NULLDEFIZIT SCHAFFT
HAAR SPRAY
FÜR STÜRMISCHE ZEITEN...
FÜR FREIZEIT
EIN SEETÜCHTIGERES SCHIFF
CICERO
WIE MAN EINE WAHL GEWINNT
GRACIAN
HANDORAKEL
MACHIAVELLI
BISSL LITERATUR
STAHLSEIL (FÜR NERVEN)

Erhard und die Landwirtschaft in Europa

Franz Fischler

Nachdem wir beide am 24. April 1989 zu Ministern angelobt worden waren, hat mir Erhard bald einmal gestanden: „Es gibt zwei Bereiche in der Politik, von denen ich nichts verstehe, das ist die Agrarpolitik und die Verteidigungspolitik." Das hat den Vorteil gehabt, dass er sich nie in meine politischen Vorhaben eingemischt hat, auch dann nicht, als er Bundesparteiobmann geworden war. Er ist aber immer wieder mit Fragen zu mir gekommen, insbesondere in Bezug auf die Reformnotwendigkeiten der österreichischen Agrarpolitik, und dann hat ihn natürlich immer wieder die agrarische Entwicklung in Mittel- und Osteuropa interessiert. Wir haben beispielsweise schon frühzeitig entschieden, der Land-Solidarnosc in Polen finanziell unter die Arme zu greifen.

Doch Mitte 1994 hat er mich angerufen und mir mitgeteilt, dass wir „reden" müssten. Bei diesem Gespräch hat er mir eröffnet, dass er kürzlich beim Treffen der Parteichefs der europäischen Volksparteien gewesen sei und dort den Jacques Santer getroffen habe, der zu diesem Zeitpunkt bereits der designierte Kommissionspräsident war. Und Jacques Santer habe ihm eröffnet, dass er bereit sei, den Österreichern das wichtige Agrarportfolio in der Kommission zu überlassen, aber nur wenn die Republik mich als Kommissionsmitglied nominiere. Ich war darüber völlig überrascht und habe alle Gründe angeführt, warum ich für diesen Job nicht geeignet wäre. Angefangen bei den mangelnden Fremdsprachenkenntnissen bis zu der Tatsache, dass ich einfach zu wenig über das Funktionieren der EU wüsste.

Erhards Antwort war: „Sprachen kann man lernen, die EU kennen wir alle noch nicht gut genug und du musst das machen!" Er hat dann seine ganze Überzeugungskraft aufgewendet, um den Bundeskanzler Vranitzky für dieses Vorhaben zu gewinnen. Schließlich war zu der Zeit die SPÖ die Mehrheitspartei und hatte selbst ein Interesse daran, den ersten Kommissar der Republik zu stellen.

Doch Busek gelang es, den Bundeskanzler zu überzeugen, vor allem mit dem Argument, dass man nicht nur das damals größte Portfolio nach Österreich holen, sondern noch dazu den österreichischen Agrarsektor, der von der EU-Mitgliedschaft alles andere als begeistert war, ruhigstellen könne.

Ich werde daher dem Erhard für immer dankbar sein, dass er mir den Weg für meine europäische Karriere geebnet hat.

Nach den zehn Jahren in Brüssel hat er dann wieder meine agrarische Expertise mehr dafür genützt, dass er mir, wenn wir miteinander essen gegangen sind, die Weinauswahl überlassen hat. Gelegenheiten hat es dafür genug gegeben, weil wir, gemeinsam mit unseren Frauen, sämtliche großen Musikfestspiele in Europa besucht und weil wir beim Europäischen Forum Alpbach – wo er auch zu mir gesagt hat: „Das musst du jetzt übernehmen!" – viele Stunden miteinander verbracht haben.

„Wir sind kein Think-Tank, wir sind ein Do-Tank!“

Tünde Huber

Mit diesen Worten reagierte der entrüstete Erhard Busek auf einen kritischen Beitrag über die Arbeit des Stabilitätspakts für Südosteuropa. Wie beim Fall des Eisernen Vorhangs war er auch am Transformationsprozess nach dem Zerfall Jugoslawiens nah dran und schließlich zog es ihn auch beruflich in diese Region. Zunächst als Leiter der von den USA initiierten Southeast European Cooperative Initiative (SECI), von 2002 bis 2008 als Sonderkoordinator des europäischen Instruments für den Westbalkan, den Stabilitätspakt. Er war ein anerkannter Akteur in der Region, der auch gegenüber lokalen Politikern die für ihn so typischen klaren Worte fand, um sie zu notwendigen Reformen zu bewegen. (Dieselbe direkte Sprache fand er natürlich auch in Brüssel, um so manchen skeptischen Eurokraten zu bewegen.)

Erhard Busek legte ein unvergleichliches Engagement an den Tag, um Staaten und Finanzinstitutionen für die Arbeit des Pakts, der zunächst die Stabilisierung der Westbalkanstaaten, danach verstärkt deren Heranführung an die EU zur Zielsetzung hatte, zu motivieren. Eine typische Arbeitswoche begann in Belgrad, Sarajewo oder Pristina, sah einen kurzen Abstecher nach Brüssel vor und endete in London, Paris oder Berlin, bevor Dr. Busek für das Wochenende sein Auto am Flughafen Wien abholte, um dann für einen Vortrag nach Vaduz, Bled oder Budapest zu fahren.

Als ein Arzt ihm eine gesündere Lebensweise nahelegte, kaufte er – wenn in Brüssel – jeden Morgen ein Kilo Mandarinen, die er stolz als Beweis für den neuen, gesunden Lebensstil präsentierte. Ansonsten ging ihm im Brüsseler Büroalltag vor allem der „Gabelbissen“ (ja, das Mayonnaise-Aspik-Schüsserl) oder die sonst übliche Salamisemmel als Gabelfrühstück ab.

Erhard Busek musste sich als Leiter dieser rund 40-köpfigen internationalen Organisation an eine diverse Arbeitskultur gewöhnen, aber mit der Zeit wuchsen er und die bunte Truppe zu einem starken Team zusammen. Allen war bewusst, Teil eines besonderen Moments in der Geschichte Südosteuropas zu sein. Die „Stabilitätspaktfamilie“ ist nach wie vor eine enge Gemeinschaft, die sich jährlich in zu einem Treffen zusammenfindet.

Der Stabilitätspakt war nicht als dauerhafte Einrichtung geschaffen worden und Erhard Busek besaß den Entscheidungswillen, diese Institution nach Erreichen von wesentlichen Zielen zu beenden und die Verantwortung an die Region zu übergeben. 2008 wurde das Büro geschlossen und der Regionale Kooperationsrat (RCC) mit Sitz in Sarajewo eröffnet. Der „Do-Tank" Stabilitätspakt kann viele substanzielle Ergebnisse vorweisen, die die Westbalkan-Länder näher zueinander und an die EU brachten. Vielen Kennern gehen aber klare Ansagen wie jene des energischen Visionärs Erhard Busek ab und auch über zwanzig Jahre nach Gründung des Stabilitätspakts ist „regional cooperation" ein weiterhin einzuforderndes Leitmotiv im EU-Heranführungsprozess dieser Staaten.

Eine Liebeserklärung und ein väterlicher Marschbefehl

Matthias Strolz

„Das ist ein Strohfeuer, verbrennt schnell. Wir haben da heroben immer wieder versuchte Palastrevolutionen. André Heller hat Ende der 70er den Freistaat Artopia ausgerufen, mit eigenem Passsystem und Fernsehsender. Aber er kam nicht wieder", meinte eine ältere Dame, als wir uns vor dem Alpbacher Kongresszentrum begegneten. Sie hatte von unserer „Liebeserklärung" gehört.

Wir schrieben August 1997 und ich war als Vorsitzender der Hochschülerschaft Innsbruck zum zweiten Mal beim Forum. Es war Liebe auf die erste Begegnung, inmitten von Bergen, der Horizont so weit. Intellektuelle Sommerfrische, neue Welten, spannende Menschen. Doch wir waren als „junge Alpbacher" auch genervt von den langatmigen Podien und selbstgefälligen, älteren Männern. Wir sehnten uns nach Widerspruch, Buntheit und modernen Formaten des Austauschs.

„Alpbach, eine Idee kommt in die Jahre“, formulierte eine Tageszeitung. Wir Jungen rangen darum, wie wir unseren Protest vortragen wollten. Am 23. August luden wir sodann zur „Liebeserklärung an die Alpbacher Geistesrepublik“. Unsere Vision: „Wir wünschen uns mehr Mut zur Veränderung, mehr Sensibilität in der Auseinandersetzung, mehr Zuhören statt Inszenieren, mehr Kreativität statt Ignoranz, mehr Bodenhaftung statt Überheblichkeit, mehr Sein als Schein.“ Voller Saal und in der ersten Reihe saßen der Präsident und Vizepräsident des Forums. Damit war unsere Revolution offiziell. Und in der Pflicht.

Erhard Busek gefiel der Aufstand: „Eine Liebeserklärung ist großartig. Immer heftig, aber in der Essenz positiv“, meinte er und sicherte uns seine volle Unterstützung zu. Kurz danach wurde er Präsident des Forums. Mit seiner Hilfe gründeten wir nach der Initiativgruppe Alpbach Innsbruck weitere Vereine in Brüssel und Wien. Dann wurde es „viral“. Heute gibt es über 30 Clubs – von London bis Armenien –, die den Spirit of Alpbach ganzjährig kultivieren.

Erhard holte mich in den neuen Leitungsausschuss und übers gemeinsame Arbeiten wuchsen wir zusammen. 2009 lud er mich ein, als Stimme der Jungen bei seinem Buch „Was haben wir falsch gemacht? Eine Generation nimmt Stellung“ mitzuschreiben. Dabei entdeckte ich die Liebe zur Autorenschaft und präsentierte ebenfalls im K&S-Verlag 2011 „Warum wir Politikern nicht trauen … und was sie tun müss(t)en, damit sich das ändert“. Erhard schickte mir eine E-Mail: „Ist eh gscheit, was du schreibst. Aber noch wichtiger wäre, es zu tun.“ Ich antwortete: „Lieber Erhard, verstehe. Ich werde tun, wenn die Zeit reif ist. Dann musst du mich aber unterstützen.“ – „Das werde ich …“, kam retour.

Den „väterlichen“ Marschbefehl nahm ich ernst. Leuchtfeuer statt Strohfeuer. Schon wenige Monate später befanden wir uns in der Gründung einer BürgerInnenbewegung mit dem Namen „Das Neue Österreich“. Erhard hielt Wort und unterstützte mich immer wieder mit Inputs und Empfehlungen sowie mit seiner Stimme bei den Nationalratswahlen 2013.

Alpbach, Brüssel, Europa

Christian Macek

Es gibt wenige Menschen, die die Begriffe Alpbach, Brüssel, Europa in so einer Kompaktheit leben und gelebt haben wie Erhard Busek. Unsere Wege kreuzten einander zum ersten Mal anlässlich der Gründungsveranstaltung des Club Alpbach Brüssel in der Ständigen Vertretung Österreichs bei der EU. Das Datum – 2. Februar 2000 – ist unvergesslich, weil es doch nur zwei Tage vor der Verhängung der Sanktionen der EU-Mitgliedstaaten gegen die neue österreichische Regierung war. Das Publikum mit Erhard Busek hörte bei dieser Alpbachveranstaltung zum ersten Mal von der Intention der Verhängung dieser Sanktionen und damit auch von Alpbach, Brüssel, Europa mit Erhard Busek.

Erhard Busek hatte sich schon in den 90er Jahren sehr stark dafür eingesetzt, dass mithilfe von öffentlichen und privaten Geldern mittels Stipendien jungen Studenten und Studentinnen insbesondere aus den damaligen EU-Beitrittsländern die Teilnahme am Europäischen Forum Alpbach ermöglicht wurde. Ich erinnere mich noch an meine erste Teilnahme als Student im Jahr 1995, wo es neben vielen Polen, Tschechen und anderen Osteuropäern auch eine stattliche Delegation von Stipendiaten aus der Ukraine gab, die lebhaft ihren Unabhängigkeitstag am 23. August in Alpbach feierten. In seiner Zeit als Präsident des Europäischen Forums Alpbach war Erhard Busek beruflich vor allem in Brüssel im Rahmen des European Stability Pact for South-Eastern Europe tätig. Sein Herzblut für die Integration dieser Länder in die Europäische Union konnte man wiederum an der Anzahl der Stipendiaten aus den Ländern des Westbalkan am Forum Alpbach erkennen. Kurz gesagt, Erhard Busek war seiner Zeit immer voraus.

Zu Europa gehört ja auch das klassische westliche Europa, vor allem die Gründungsstaaten der Europäischen Gemeinschaften. So kam es zu Beginn von Erhard Buseks Präsidentschaft im Jahr 2000 zu einem Zusammentreffen mit den ersten europäischen Stipendiaten aus zehn verschiedenen Ländern der „IG Brüssel". Die sogenannten „Brüsseler", die – für Alpbacher Verhältnisse fast unüblich – gerade aus den westlichen Staaten kamen, nahmen als sehr präsente Teilnehmer am Forum teil und wurden teilweise als relativ „exotisch" wahrgenommen. Auch Erhard Busek war da keine Ausnahme. Allerdings konnte er sich sehr rasch selbst überzeugen, dass ein vereintes Europa am besten mit jungen Menschen aus allen Himmelsrichtungen Europas einen festen Platz beim Forum Alpbach hat. So wurde in diesem Sommer endgültig klar, dass es eine weitere gelebte europäischen Idee neben Paneuropa und Föderalisten gab, den Weg von Erhard Busek – Europa, Brüssel, Alpbach.

... IMMER EUROPA IM AUGE ...
EU MITTELEUROPA BALKAN DUNAURAUM ALPBACH

Europa eine Seele geben

Verena Ehold, Hedvig Morvai

„Ich hab' Geld zu meinem Geburtstag gesammelt. Holt damit junge Serbinnen und Serben nach Alpbach." Das war der Wunsch von Erhard Busek im Jahr 2000, kurz nachdem die Bomben auf Belgrad niedergegangen waren. Die jungen Menschen vor Ort waren gleichsam in ihrem Heimatland eingeschlossen, sie konnten ohne Visum nicht ausreisen. Und ein solches zu bekommen war schwierig. Erhard Busek wusste, dass es für die Zukunft des Landes wichtig war, die Köpfe und Herzen der jungen Menschen zu gewinnen. Sie sollten nicht dem blindwütigen Nationalismus anheimfallen, sie sollten Europa erleben: The European Way of Life – Europa eine Seele geben (wie er auch eines seiner zahlreichen Bücher betitelte). Eine Wertegemeinschaft, die auf Freiheit, Demokratie, Menschenrechten und Rechtsstaatlichkeit basiert. Freiheit in Verbundenheit. Dafür brannte er, dafür rannte er. Und die Jugend war dabei stets sein großes Herzensanliegen.

So war es auch nur logisch, dass er die Jugend mit ins Zentrum holte, als er im Jahr 2000 die Präsidentschaft des Europäischen Forums Alpbach übernahm. Davor waren die jungen Menschen oft „nur“ geduldete Zaungäste. Nun wurden sie gefragt, gehört, involviert. Und die Jugend nahm die Einladung an und der „Spirit of Alpbach“ ging viral. Erhard Busek trug das europäische Feuer höchstpersönlich in alle Himmelsrichtungen. Gerade in Mittel- und Südosteuropa gab es keine Hauptstadt, in der er sich nicht mit Präsenz vor Ort für die Gründung eines Alpbach Clubs, getragen durch junge Menschen vor Ort, einsetzte.

Das veränderte auch das Antlitz des Europäischen Forums Alpbach. Es durchlebte in den frühen 2000er Jahren eine Renaissance, bei der hunderte internationale Studierende als Stipendiatinnen und Stipendiaten neue Perspektiven suchten, für die Erhard Busek als Brückenbauer wirkte. Wobei es ihm nicht vordergründig um ein geografisches oder geschichtliches, sondern ein geistiges Konzept ging. Im Zentrum standen dabei immer der interkulturelle Dialog und die Generationenvernetzung zur Überwindung des autoritären, postsozialistischen Erbes. Mit der Hoffnung, dass die damals Jungen eines Tages die Geschicke eines friedlichen, geeinten Europas gemeinsam bestimmen würden. Eine Weitsicht, die insgesamt auf unserem Kontinent zu wenig Unterstützung gefunden hat, wie uns die tragischen Ereignisse dieser Tage lehren.

Legendär bleiben die unzähligen Begegnungen, in denen Busek als wichtiger Zeitzeuge seinen Erfahrungsschatz aus der Wendezeit weitergab. Durch seinen Spürsinn als Talentsucher umgab er sich auch im Alpbach-Kontext mit „bunten Vögeln", in seinen Augen die kritischeren, vorlauten, teils auch unangepassten jugendlichen Stimmen, in der intimen Hoffnung, dass diese mit zunehmendem Alter nicht verblassen würden. Über Alpbach hinaus förderte er unzählige zivilgesellschaftliche und geisteswissenschaftliche Initiativen, die den Kern seines Politikverständnisses widerspiegelten: Europa als humanistische Großmacht, als Zuhause, als Auftrag, als Pflicht und als Verantwortung – getragen von Kultur, Bildung und Forschung als Eckpfeiler.

Als Kosovo noch bei Serbien war

Bernhard Marckhgott

Die „Liebeserklärung an die Alpbacher Geistesrepublik“ war Geschichte, die Revolution der Jungen beim Europäischen Forum erfolgreich gestartet und einige Initiativgruppen (IG) und Alpbachclubs an österreichischen Universitäten gegründet – up and running.

Nun stand die weitere Internationalisierung der Stipendiaten auf dem Plan. Es galt, das erfolgreiche Modell der IG an ausländische Universitäten zu exportieren. Dabei erkannten wir schnell, dass die Saturiertheit im Westen – nicht despektierlich gemeint, aber das Angebot für Studierende der westlichen Welt, an internationalen Kongressen teilzunehmen, war einfach damals schon sehr groß gewesen – nicht gerade förderlich für die Motivation war, sich auch an der eigenen Uni für das Europäische Forum Alpbach (EFA) zu engagieren.

Ganz anders das Bild in Osteuropa und im Balkanraum: Mitte der Nullerjahre konnten ungefähr zwanzig Clubs in den Ländern des früheren Ostblocks und auch im eben noch kriegsgebeutelten ehemaligen Jugoslawien gegründet werden. Der Enthusiasmus der jungen Leute war enorm. Bald gab es im Balkanraum eine IG in jedem Land – und mehr noch, Stipendiaten aus Pristina hatten nämlich den Wunsch geäußert, eine IG Kosovo zu gründen. Zu Recht, denn Landesgrenzen hin oder her, es ging ja um die Universitätsstädte. Also wurde gegründet. Die Begeisterung des Clubs Belgrad war mäßig.

Das erste, von EFA-Präsident Busek initiierte, Treffen der beiden Gruppen war schwierig. Mit jeder „Partei" drei Vorbereitungstermine über Themen, Verhalten und Emotionen – und wie man den jeweils anderen vom falschen politischen Weg abbringen könnte. Es folgte das erste Zusammenkommen vor dem Congress Centrum. Jeweils der gesamte Club/IG-Vorstand aus Belgrad und aus Pristina à fünf Personen sowie Erhard Busek und ich als zuständiges EFA-Vorstandsmitglied. Die Handshakes mit namentlicher Vorstellung erfolgten sehr gestresst. Der Wunsch nach zwei Meter langen Armen, um möglichst viel Distanz aufzubauen, stand allen ins Gesicht geschrieben.

Und dann der Moment, der alles änderte: Die Präsidentin der Belgrader stellte sich beim letzten Vorstandsmitglied der kosovarischen IG vor. Dieses erwiderte die Vorstellung. Als die Präsidentin den Namen hörte, war sie sichtlich schockiert und bat, diesen zu wiederholen. Ungläubig drehte sie sich zu uns um: „Aber das ist ein serbischer Name! Es ist völlig unmöglich, dass jemand von der serbischen Minderheit in den Vorstand einer kosovarischen Organisation aufgenommen wird." Noch immer perplex, wandte sie sich wieder ihrem Gegenüber zu, das ja leibhaftig vor ihr stand. „Kann es sein, dass mich Milosevic mit seiner Propaganda mein ganzes Leben lang belogen hat?" Erhard Busek sah mich an und meinte zufrieden: „Komm, wir gehen, die brauchen uns vorerst nicht mehr."

Fünf Stunden später berichteten die Gruppen von ihrem ersten Treffen, in dem sie erkannt hatten, dass 95 Prozent ihrer Probleme genau dieselben waren. „Und wenn wir die gelöst haben, dann sprechen wir über die fünf Prozent, die uns wirklich trennen." Eine Woche danach organisierten sie gemeinsam ein Kamingespräch. Das ist eine eigene Geschichte.

Den Jungen viel mehr als eine Stimme geben

Veronika Hopfgartner, Filip Radunović

Es war nie einfach, Erhard Busek in Worte zu fassen. Klingt paradox, wenn man sich an eine der rhetorisch herausragendsten politischen Gestalten der österreichischen Nachkriegszeit erinnert. „Politiker und Intellektueller“ klang damals, genau wie heute, fast wie eine verpönte Mischung. Ganz im Sinne von Aristoteles verstand und lebte Erhard Politik als Meisterwissenschaft des Lebens. Er verkörperte einen raren Typus Mensch, der sich ohne Mühe zwischen den Welten, Kulturen und Wissenschaften bewegte.

Für uns, die mit ihm sehr eng am Europäischen Forum Alpbach zusammengearbeitet haben, erschien er neben seiner Grundberufung als Politiker vor allem als Förderer der Jungen. Gerade die nächste Generation hatte es ihm angetan – als Ausblick auf eine bessere, sicherere Welt. Bei den zahlreichen Treffen der damaligen Alpbacher Initiativgruppen und Clubs – über halb Europa hinweg, in Wien, Bozen,

Brüssel, Istanbul, Kiew, Zagreb, Belgrad, Sarajevo, Pristina usw. – war es an erster Stelle Erhard, der sich überall zu Hause fühlte. Lange bevor die Jungen den jeweiligen Ort entdeckten, hatte er seine alten Freunde und Institutionen längst nach den aktuellen Entwicklungen abgeklappert. Seine Schnelligkeit und Effizienz waren ein wichtiges Zeichen dafür, was man nicht alles mit überschaubaren Mitteln und tiefgreifender Überzeugung erreichen kann. Für das Alpbacher Jugendnetzwerk war er Initiator, Fundraiser und Türöffner.

Abseits des Organisatorischen erlebten wir ihn als väterlichen Mitteleuropäer, der uns – die Kinder dieser Region – mit seinem Wissen und seinen Erfahrungen neue Denkräume öffnete. Unabhängig davon, ob es dabei um die Überbrückung diverser Konflikte ging, wie z. B. zwischen Serben und Kosovoalbanern, oder die Vermittlung der Wichtigkeit der Ukraine für die europäische Zukunft. Erhard Busek war paradoxerweise gerade wegen seines Renaissance-Charakters der Zeit, in der er lebte, in vielerlei Hinsicht voraus. Unvergessen bleiben die langen Abende, bei denen er uns seine zeitgeschichtlichen Begegnungen mit den großen Dissidenten der zweiten Hälfte des 20. Jahrhunderts schilderte, von Vaclav Havel und Lech Walesa bis hin zu Milovan Djilas und Ibrahim Rugova, um nur einige zu nennen.

Die wichtigste Lektion hat er uns dabei mehr als einmal mitgegeben: Nie die kulturellen und geistigen Brücken abbrechen, unabhängig davon, wie tief ein Konflikt geht. In Zeiten wie diesen erscheint das als anachronistischer Weckruf nach Vernunft und Frieden. Das heutige Österreich und Europa werden die historische Bedeutung dieses Mannes wohl erst mit entsprechender zeitlicher Distanz nachvollziehen können. Für uns ehemals Junge bleibt er Inspiration und Vermächtnis zugleich.

EUROPÄISCHES FORUM ALPBACH

Passion and Commitment

Kathryn List

In 1998, after moving to Graz from Detroit twelve years earlier, I created Junior Alpbach within the Technology Talks. Apparently, this caught the attention of Hanna Molden who suggested to Erhard Busek that he might talk to me about a position in his developing team to support his role as President of the European Forum Alpbach. That first meeting at a café in Vienna opened doors that I did not know even existed in my new adopted home. Thus, I served as Vice President along with Erich Gornik for the next twelve years.

The thing that impressed me when I first spoke to Erhard was his vision for the Forum. I had been attending the Technology Talks for many years but had little relationship to the rest of the program. His passion for the expanding European Union, his commitment and enthusiasm for the students of Europe, his belief that on this mountain top every summer we could affect a positive movement for the EU and for every country within it was inspiring, emboldening and certainly contagious. The personalities in the team were colorful, with edges and corners and a multitude of interests and expertise. And so, our journey began.

The openness with which Erhard was ready to discuss any idea so long as it was well formulated and thoughtfully articulated is part of his legacy. He listened. Sometimes he managed his two cell phones while listening, but he never missed anything that was said. That could be a little disconcerting but, in the end, he won the respect of all those who were in the room. I learned some powerful lessons from him as did all of us on his team.

The last time I spoke to Erhard was before the Student Speakers Night in 2021. He was reflecting as I think he did with many of us at that time. He wondered if he had done the right things. And if he had done the things right. My interpretation, but it struck me as the summing up of a life full of contemplation, conviction, and commitment. All of us must, at some time, ask ourselves the same question.

Alpbacher Begegnungen

Rainer Schrems

Das erste Zusammentreffen mit Erhard Busek war im Sommer 1979. Als junger Student war ich Mitarbeiter beim Forum Alpbach und ging wieder einmal mit einigen Kollegen nach getaner Arbeit in das damals offene Nachtlokal, den Böglerkeller. Dort gab es einen Tisch, an dem einige honorige Herren saßen. Einer von ihnen fiel nicht nur durch seine bunte Brille auf, sondern auch durch seine ausnehmende Freundlichkeit uns Jungen gegenüber – Erhard Busek. Es ergaben sich angeregte Gespräche über verschiedenste Themen. Busek diskutierte angeregt mit und ging sehr auf unsere Argumente ein. Dieser Abend blieb mir als junger Mensch noch lange in Erinnerung und ich wusste damals nicht, welche wichtige Rolle Erhard in Zukunft in Alpbach spielen würde.

Der nächste einschneidende Eindruck von Erhard Busek war im Jahr 1991. Das Forum war damals aufgrund des Alters und der Krankheit des Präsidenten in einer schwachen Phase. Als damaliger Wissenschaftsminister und damit Hauptförderer des Forums gab Erhard den Anstoß, eine grundlegende Änderung der Organisation für die Folgejahre durchzuführen.

Zwanzig Jahre nach dem ersten Treffen wurde Erhard selbst zum Präsidenten des Forums gewählt. Weitere zwanzig Jahre später, 2019, kam es zum letzten netten Alpbach-Treffen mit Erhard. Anlass war die Vorstellung des „Incoming" Präsidenten Andreas Treichl, der auf Anregung Erhard Buseks diese Funktion übernahm. Erhard organisierte eine Runde, bei der Andreas Treichl seine Ideen und Vorstellungen über das Forum zur Diskussion stellte. Im Anschluss traf ich Erhard bei einer Speckjause, zu der die dem Forum sehr verbundene Hanna Molden einlud. Nach angeregten Gesprächen über Historie und Zukunft des Forums wurde der Kreis der Anwesenden immer kleiner. Doch Erhard blieb bis zum Schluss. Selten habe ich ihn so entspannt gesehen. Er war mit der Wahl Andreas Treichls wohl sehr zufrieden – wie an diesem Nachmittag, der am Abend mit einigen Gläsern Wein im Jakober endete.

Zusammenarbeit und Freundschaft

Erich Gornik

Zum ersten Mal hatte ich im Jahr 1992 im Rahmen meiner Berufungsverhandlungen für eine Professur an der TU Wien direkt mit Erhard zu tun. Ich hatte noch keine schriftlichen Zusagen erhalten und war nahe dran, die Verhandlungen abzubrechen und an der TU München zu bleiben. Erhard war damals Wissenschaftsminister und hatte von meiner Absicht erfahren. Er rief mich persönlich an, versprach, alle mündlichen Zusagen zu halten, und hielt auf Punkt und Beistrich Wort. Ich hatte Erhard als Politiker mit Handschlag-Qualität erlebt.

Im Jahr 1996 wurde ich Mitglied des Kuratoriums des Forums Alpbach, dessen Vorsitzender Erhard war. Durch diese Tätigkeit lernte ich ihn näher kennen und seine Art der Leitung und sein breit gefächertes Wissen sehr zu schätzen. Er war ein Intellektueller im besten Sinn des Wortes, ein schneller Denker, der auch ungeduldig werden konnte, wenn Leute etwas umständlich argumentierten.

Im Jahr 2000 wurde Erhard Präsident des Forums Alpbach. Im Vorfeld fragte er mich, ob ich bereit wäre, gemeinsam mit Kathy List die Funktion des Vizepräsidenten zu übernehmen, was ich gerne zusagte.

Die zwölf Jahre in dieser Funktion waren sehr erfüllte Jahre, besonders weil ich auch an der Entwicklung des Studentenprogramms mitwirken konnte, das Erhard besonders am Herzen lag. Ihm war wohl bewusst, dass Europa nur erfolgreich sein würde, wenn es gelänge, viele junge Menschen von der Idee eines gemeinsamen Europas, das die Werte Freiheit und Demokratie hochhält, zu begeistern.

Erhard hatte auch die seltene Gabe, Menschen bei der Lösung ihrer Probleme tatsächlich zu unterstützen und sich ihre Sorgen anzuhören. In meinem Fall gab er mir in einer Krise den wichtigen Rat, das Problem durchzustehen und nicht aufzugeben, was sich im Nachhinein als sehr richtig herausgestellt hat.

Mein letzter Kontakt mit Erhart war nach der Ratssitzung im Dezember 2021, wo wir uns am Telefon sehr offen über die weitere Entwicklung des Forums unter der neuen Präsidentschaft von Andreas Treichl ausgetauscht haben. Er war sehr positiv gestimmt, da er viele seiner Ideen weiterleben sah.

„Dann werden Sie es machen müssen“

Martina Leibovici-Mühlberger

Ich lernte Erhard in einer weichenstellenden Periode meines Lebens kennen. Das war mir damals nicht bewusst. Rückblickend bin ich zur Überzeugung gekommen, dass er dies sehr wohl erkannt hatte und maßgeblicher Entwicklungshelfer für meinen weiteren Weg war.

Gerade erst hatte ich meine fachärztliche Ausbildung beendet, war zusätzlich Psychotherapeutin und Mutter von damals drei jungen Kindern und stand in der Karriereplanung vor der Fragestellung, ob ich mich um einen Verbleib im Krankenhaus bemühen sollte oder doch in der Privatpraxis mehr Entfaltungsspielraum finden könnte. Gleichzeitig kamen mir beide Optionen in seltsamer Weise leer vor, so als würde ich mich einem viel wichtigeren Anliegen entziehen, das irgendwie mit einem gesellschaftlichen dumpfen Unbehagen in Zusammenhang stand. Zum bevorstehenden Millenniumswechsel wurden erste Stimmen laut, die Zweifel verkündeten, ob das neue Jahrtausend denn noch eine lebenswerte Umwelt bieten würde. Das alte gesellschaftliche Steigerungsversprechen, mit dem ich aufgewachsen war, verwandelte sich zunehmend in eine Drohung von Wohlstandsverlust für die nächste Generation, sollte das benötigte Wachstum nicht erzielt werden. Und die ersten „Ritzerkinder" schlugen damals in meiner therapeutischen Praxis auf und bereiteten mir schlaflose Nächte. Denn was waren das für Aufwachsbedingungen für unsere Kinder, wenn sich junge Menschen mit Rasierklingen selbst verletzten, bis ein Spinnennetz filigraner weißer Narben wie Stickereimanschetten ihre Handgelenke und Unterarme bedeckte? Ich hatte ein paar kritische Artikel verfasst, bekam Zuschriften von Menschen, die ihre Bedenken mit mir teilen wollten, wurde öfter von Journalisten befragt oder zu Diskussionsrunden eingeladen und erhielt erste Anfragen, Vorträge zu halten. Aber ich war doch Ärztin!

Und dann traf ich Erhard. Eigentlich arbeitete mein Mann im Rahmen von SECI mit ihm zusammen. Doch bei einem der offiziellen Empfänge kamen Erhard und ich nebeneinander zu sitzen. Er und ich teilten die Abneigung für nichtssagenden Small Talk und stellten rasch fest, dass wir dieselbe Schule besucht hatten.

Die prä-pensionären Lehrer meiner Schulzeit hatte er in ihren besten Pädagogenjahren erlebt. Wie schon lange nicht fand ich mich in ein intensives kritisches Gespräch zu dem mich so beschäftigenden Thema gesellschaftlicher Veränderung und der Begleitung unserer Kinder vertieft und ohne es geplant zu haben beschrieb ich ihm auch mein Dilemma. Irgendwann in unserem Gespräch wurde ich dann sehr kämpferisch und meinte: „Aber unsere Kinder sind doch unser aller Zukunft!" Ich weiß noch, wie sich in Erhards Gesicht ein Lächeln mit der tiefen Nachsicht dessen, der bereits Überblick gewonnen hatte, mischte. „Dann werden Sie es einfach machen müssen", sagte er schlicht. Als ich dann etwas kleinlaut herausplatzte, dass ich mich gerade damit quälte, ob ich mich trauen sollte, die Einladung zu einem Vortrag in eine niederösterreichische Kleinstadt anzunehmen, meinte er kurzentschlossen, er würde mich zur Rückenstärkung begleiten.

Seither habe ich nie mehr gezweifelt. Wir müssen hinhören und unseren Dienst erkennen. Danke, Erhard!

BERNHARD MARCKHGOTT

*1971, verantwortet die Konzernkommunikation einer österreichischen Bank. Nach politik- und wirtschaftswissenschaftlichen Studien war er in der Politikberatung in Brüssel, für das Europäischen Parlament und später an der Wiener Börse tätig. Neben Kommunikation & Marke liegt sein Interessenschwerpunkt auf den Feldern Changemanagement und Nachhaltigkeit. Im Rahmen ehrenamtlicher Tätigkeiten ist er u.a. seit dem Jahr 2000 für das Europäische Forum Alpbach engagiert, unter der Präsidentschaft Busek vier Jahre im Vorstand.

MATTHIAS STROLZ

*1973, ist Impact-Unternehmer, Bestseller-Autor, Social Architect und Bürgerbeweger. Er studierte Politikwissenschaft, Internationale Wirtschaftswissenschaften und Systemische Organisationsentwicklung. Potenzialentfaltung ist sein Herzensthema. Er führte die NEOS ins Österreichische und Europäische Parlament. Seit 2019 ist er Co-Founder von story.one und seit 2021 einer Produktagentur. Seit 1996 ist er beim Europäischen Forum Alpbach engagiert und teilte nicht nur dort viele gesellschaftspolitische Leidenschaften mit Erhard Busek.

Hey, hat dir das Buch gefallen - willst du auch eines schreiben?

www.story.one